Buchcover:

Frank Rolf Josef Pöhlmann
(mein geliebter Sohn)

# Seelenweisheiten eines Erdenengels

## Soulwisdoms of an Earthangel

**2017 / 2018**

# Clarissa M. Seite

## Der FROSCH
Wenn der Prinz zum Frosch wird ;-)

Der Frosch quakt so laut, bist du seine Stimme und Laute endlich vernimmst weil …

Der Frosch ist schon ein uriger Geselle und will eigentlich nur eins …

## *Dir die Heilung bringen!*

Er verspricht sie dir nicht nur, sondern er hat die prompte Absicht, sie dir hier und jetzt zu bringen.

Eins geht dem noch voran, nämlich die ***Vergebung und das loslassen vom Alten.***

Alte verbrauchte Erinnerungen die einen nicht mehr wirklich nähren, wollen Abschied nehmen.

Stecke all den alten Schmerz - Erinnerungen - Verbrauchtes in einen **bunten Luftballon** und lass ihn los - lass ihn fliegen - in die Lüfte hinaus und weit weg über den Horizont - den Himmel in das Universum, wo sich Vater Himmel (Gott) darum kümmert.

Die Engel warten schon ganz gespannt und voller Freude auf deine *Luftballon-Post* und nehmen diese für Dich in Empfang, um dich davon nun endgültig zu befreien.

*Heilung geschieht auf Allen Ebenen.*

Es ist nun wirklich Zeit das Neue - die neue Liebe - den neuen Weg zu empfangen.

Voller Schwung mit dem Fluss des Lebens schwimmen und das akzeptieren was ist.

Es ist wie es ist und will aufgelöst werden!

Wage nochmals den Blick in den Spiegel und gehe in dein Inneres ***"HERZ" - "HEILUNG" geschieht.***

Jetzt folgt die plötzliche **Ent-wicklung** und das **NEUE** kündigt sich mit einem Paukenschlag an.

# QUAK!!

Hörst du den Ruf des Frosches, er wird so laut quaken bist du es in Liebe vernommen hast.

Die Liebe zeigt uns immer den wahrhaftigen Weg. … nicht die Pflicht und das übernehmen von

***Verantwortung gegenüber "Menschen & Dingen"***, die uns nicht mehr dienlich bzw. die uns *einfach nicht mehr gut tun.*

Nehmen wir das nicht wahr, den Ruf des Frosches, dann werden wir unsäglich traurig und krank. Die Lebenskraft schwindet.

Du bist jetzt an diesen Punkt angelangt, denn sonst würdest du den Frosch nicht wahrnehmen und annehmen in seinem *RUF*.

# Quak!!

## *Heilung geschieht nun auf Allen Ebenen!*

Suche fließende Gewässer und Seen für deinen Prozess der Heilung auf und lasse deine heilenden Gedanken voller Liebe fließen.

Du bist dein Heiler und hast all diese ***heilenden Kräfte*** in **DIR**.

Nutze diese voll & ganz und lausche deinen inneren Botschaften.

## *Affirmation:*

Ich lausche meinen inneren "Herzensbotschaften" und heile mich auf Allen Ebenen

Jetzt!

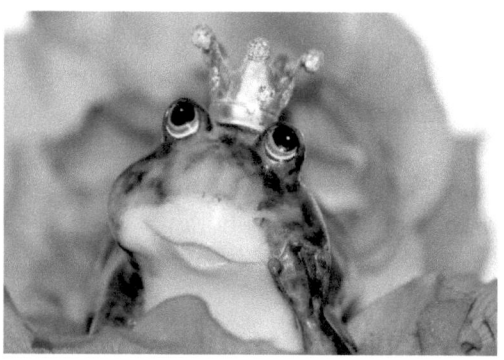

## *Die Ente als Herzensbringer!*

Wenn die Ente in dein Leben watschelt
... dann will sie dir die LIEBE &
GEBORGENHEIT bringen!

***Wärmende Herzensliebe will sich dir zeigen - in Dir & mit Dir.***

***Die Ente watschelt voller Zuversicht - sanft und mit Bedacht*** in dein Leben und will dir das ***"Zarte und Liebevolle"*** in dir zurückbringen.

Herzöffnung - Heilung und Liebe sind nun die drei Komponenten für Dich.

## *Es geht um dein HERZ!*

## *DEIN HERZ*

Es will gehört und wahrgenommen und in der Intuition - Botschaft ernst genommen werden.

## JETZT!

Schöpfe aus deiner Herzenswärme, wie das beisitzen an einem Lagerfeuer zum sinnen und wärmen einlädt.

Das ist jetzt die Message, die dich weiterbringt.

Alles dreht sich jetzt darum, die Herzenswärme zu dir und den Menschen, die dir wichtig und bedeutend sind auf deinen Lebensweg und im wahrsten Sinne ans Herz gewachsen sind.

Nehme sie nochmals an und in dir auf und zeige Ihnen deine Gefühle und Herzenswärme durch ein liebevolles lächeln - eine Geste - ein kleines Geschenk und / oder ein herzerwärmendes Wort voller Mitgefühl und aufrichtigen Gefühlen in dir.

**JETZT!** Es ist an der Zeit deine Gefühle zum Ausdruck zu bringen und dein Herz ganz weit und wärmend strahlen zu lassen. Vereinigung steht auf dem Lebensplan und beginnt immer mit den ersten Schritt - wie die Ente es uns vormacht - gemütlich watscheln - einen Schritt nach dem anderen, auf auf zur Entdeckungsreise zu sich selbst.

### *Affirmation:*

Ich entdecke meine Herzenskraft und lebe diese mit all meinen Sinnen. - *JETZT!*

## *Die liebevolle Libelle*

schwebt nun wie eine Fee in dein Leben

weil …

Die Libelle will dich als Krafttier auf die Leichtigkeit und vieles ist möglich aufmerksam machen!

Sie trägt all die Regenbogenfarben bereits in sich und schwebt vor Leichtigkeit auch mal blitzschnell von einer Ecke zur anderen und hat unglaublichen Spaß dabei.

Nichts kann sie wirklich aufhalten, denn du schaust sie vor Freude an, da Ihre Farben so prächtig scheinen und schon ist sie wieder weitergeflogen.

Schnell und irgendwie unerkannt.

Ein wahrlich mystisches Wesen – sichtbar und fast wie ein Engel durch Ihre wunderschönen durchsichtigen Flügel bewegt sie sich sicher durch Raum & Zeit.

Sie ist ein wahrlich geschmeidiges fließendes Wesen und doch nicht wirklich greifbar.

Eine Libelle halt, die den Feenwesen & Engel sehr nah in Ihrer Erscheinung folgt.

Fliege durch Raum und Zeit wie die Libelle es dir vormacht und genieße jede Sekunde deines Seins.

Eine kostbare Zeit wartet auf Dich!

### *Affirmation:*

Ich bin leicht und lasse Alles los, was mir nicht gut tut.

WAS WILL dieses wunderschöne Geschöpf dir mit-teilen

WAS LÖST dieses geschmeidige Wesen in dir aus.

WELCHE EIGENSCHAFTEN dieses Tieres könnten für dich wertvoll sein.

**Geschmeidiges u. schnelles bewegen**

**Reaktions- u. Körperkraft!**

## *Das Powerpaket Katze als Krafttier!*

Die Katze mit Ihrer ganz eigenen Kraft - sanft wie ein Baby und doch auch kratzbürstig und voller Power!

Eine gewaltige dynamische Kraft & Eleganz ... so erkenne ich die Katze in all Ihrem Potential ...

Eleganz - Sanftmütig schnell und stark!

Ein dynamisches Paket voller Power.

*Was siehst und spürst du in Dir, wenn dir die Katze auf deinem Lebensplan erscheint.*

Wir wir Alle wissen, lassen sich Katzen und vor allem auch Raub-Katzen nicht wirklich in eine Richtung lenken, außer du hast sie großgezogen und selbst dann wollen Sie Ihrer "Selbstbestimmung" wie auch wir als

Wesen folgen.

Frei und völlig ungebändigt Ihren Weg folgen ... das Abenteuer ruft!!

Wo willst du noch festhalten und lässt dich in Dingen die du aber so gerne machen möchtest und liebst noch einschränken.

Die Liebe zu Dir und deinem Nächsten lassen dich wissen, dass DU frei bist.

## ICH BIN FREI

Du kannst tun was DU willst, natürlich übernimmst du auch die Verantwortung dafür.

Glas- Klar und völlig losgelöst folgst du deinem inneren Ruf nach deinem Weg voller Glück - Liebe - Zufriedenheit in Selbstbestimmung und Freiheit / Frieden.

Hör auf, dich in einen Käfig zu sperren oder sperren zu lassen!

## *Nur Mut ... es benötigt nur einen einzigen Schritt in die richtige Richtung ...*

## *Deine Richtung!*

Frage dich wie und was du leben willst und was du hier und jetzt dafür tun kannst.

Schreibe all diese Dinge auf deinen neuen eigens gestalteten Lebensplan, denn du bist dein Glückes Schmied - dein Meister und dein eigener Dompteur.

Oder willst du dich wie ein Löwe im Zirkus von irgendeinem Möchtegern Dompteur rum dirigieren lassen??

## *Nein, oder doch ...*

Ich kann mir das nicht vorstellen, denn du bist frei mit deinem (göttlichen) ganz persönlichen Willen auf die Welt gekommen.

Hast freiwillig den ersten Atemzug genommen und frei aus dir heraus geschrien.

Willkommen!

Du bist einzigartig und frei...geh hin wo immer du sein willst und was auch immer du sein willst.

***Wer Kinder hat bekommt diese Message ab einem gewissen Alter täglich unter die Nase gerieben...***

Mein Sohn sagt immer:

*"Mach du deins, ich lebe mein Leben so wie ich es für richtig halte"*

Klar! In Selbstbestimmung & Eigenverantwortlichkeit.

## *Affirmation:*

Ich bin frei und lebe mein glückliches selbstbestimmtes Leben voller Eigenlust und Eigenverantwortlichkeit.

*Wenn der Rabe in dein Leben fliegt, dann will dir dieses besondere Krafttier folgendes mit-teilen!*

Gerade im *kommenden November* werden wir mit uns und unseren *zwei Seiten in uns als Spiegelreflektion konfrontiert!!*

*Fragen wie ...*

*Wer bin ich und wer möchte ich sein und was werde ich dafür tun ...*

*werden ganz besonders & stark mit uns in Resonanz gehen!*

Der / Dein Ruf deiner Seele wurde erhört und nun will **der Rabe dich wachrütteln** und dir sagen, dass du dir bitte keine Sorgen machen musst, sondern liebevoll mit dir und deinem inneren **Wesen & Wissen** deiner Seele umgehen darfst.

**Jetzt darfst du ganz besonders deinen inneren Botschaften lauschen und diese vernehmen, denn es geht um deine inneren Schattenanteile.**

Welche Anteile in Dir wollen noch
erlöst werden bzw. aufgelöst werden?

## Geht es um deine Ängste
...

*Vertrauen -*

*Ur-Vertrauen*

*Vergebung*

*Selbstliebe*

*Co-Abhängigkeit*

*Sucht / Suche*

*& oder*

*deinem Selbst-Wert*

**Schreibe deine Schattenanteile auf ein weißes Blatt Papier und arbeite mit deinen Themen, damit du diese letzten Endes los-lassen kannst.**

Jetzt werden dir diese Aspekte nochmals in dein Leben gesandt, damit du diese liebevoll ansehen kannst und somit *deine Fesseln der Abhängigkeiten* sprengen vermagst.

Wenn du dann diese verlorengegangen Seelenanteile wieder in dein Lebenspuzzle zurückgefügt hast, bitte ich dich diese frei zu setzen.

## Wie?

Alles was dir *nicht mehr dienlich ist*, alt und verbraucht und nun ein aufgelöstes Muster ist; stecke diese wahrlich (Zettelnotizen) oder symbolisch in einen Sack und lege sie in dein Boot das du nun freisetzen darfst.

Winke voller Freude dem Boot hinterher und betrachte dabei den wunderschönen Sonnenaufgang / Sonnenuntergang mit all seinen schönen Farben und Licht am Himmel.

Es ist nun vollbracht, du hast **deine Schattenseiten - alte Muster** abgelöst und deine Seelenanteile zurückgeholt.

*Freue Dich und fühle dich nun vollkommen befreit.*

Denn du bist es wert geliebt zu werden.

Ich bin Liebe & Licht!


## *Affirmation:*

**Ich bin perfekt so wie ich bin. ich bin frei!**

## November, ein wahrlicher Monat der Erkenntnis

Ein "Supermonat der Erkenntnis" für sich und seinen Lebensweg...

denn du erschaffst ganz intuitiv deine persönliche Realität wie du sie gerne haben möchtest.

Der Monat November ist ja in vielen Glaubensrichtungen der Monat schlechthin, denn die Toten werden verabschiedet. Alles steht auf NEU-Beginn.

Raunächte, als Toröffner zur Anderswelt - Kontakt zu den Verstorbenen ... Reise ins unbekannte Dunkle.

Bei den Kelten ist jetzt gerade der 30.10. und der 31.10.2016 (Halloween - Kontakt mit den Seelen aus der Schattenwelt) Tage der Rückbesinnung - loslassen - reinigen - Rückschau und dann endgültige Verabschiedung!

Es folgt der NEU-BEGINN, der 01. November als Neujahrestag!

Jetzt wird die Realität neu geschrieben und darf nach persönlichem Neudünken Schritt für Schritt neu gelebt werden.

**STARTUP!**

Gerade der November bietet dir die Gelegenheit und ja, fast schon die große Chance dich in deinen zwei Gesichtern (Schwarz und Weiß - Ying & Yang) zu erleben und erkennen zu dürfen.

Was will bei dir nochmals im Spiegel genauer angeschaut werden...

***Themen wie:***

Selbst-Wert

Selbst-Liebe

Selbst-Achtung

***Ich bin es mir Wert geliebt zu werden***
***... Ich bin Liebe - Ich liebe mich...***

Was will integriert werden *an Seelenanteilen* die vom *Schatten ins Licht* geholt wurden wie:

*Angst in Mut umwandeln*

*Sorge in Zuversicht umwandeln*

*Traurigkeit in Lachen verwandeln*

*Einengung in Freiheit verbringen*

*Ärger in Liebe loslassen*

Was möchte endgültig losgelassen und fortan aufgelöst werden.

Fühle in Dich hinein und schreibe dir die Dinge auf, die dich quälen und erlöst werden wollen.

*Raus aus der Depression!*

Gestehe dir diese tiefen Gefühle ein
und hole sie ans Licht.

Es passt nicht mehr zu dir und ist nun
deiner Weiterentwicklung überdrüssig
geworden, denn du und deine Seele
wollen weiter gehen.

November, ein wahrlicher Monat der
Erkenntnis

Welche Ahnen kommen dir nochmals
ins Gedächtnis...

Verstorbene wie Vater - Mutter - Kind
... Oma - Opa - Schwestern ....

*Was war förderlich und eher
hinderlich in ihrem tun und sein?*

Ähnliche Lebensmuster werden
bewusst und Du darfst diese nochmals
anschauen und in Liebe lösen.

*Altes ab streifen ...*

*Alte überdrüssige
Wurzeln ab schlagen ...*

*Alte Muster lösen!*

Was gehört wirklich zu
DIR und was ist

*dein Herzensruf!!*

Wo willst **DU NEU** hin gehen...

Neuer liebevollerer **LEBENS-WEG** ...

Hörst du den Ruf deines Herzens...

*Herz über Kopf ... Gefühl über Verstand!!!*

Wegfall mit diesen hinderlichen alten destruktiven Gedanken – Gedanken Karussell *wie:*

Ich habe Verpflichtungen

Ich darf das nicht tun.

Was denken die Anderen von mir.

Welche Meinung haben sie von mir.

Darf ich das wirklich tun ... mein Leben leben!??

Wen verletze ich am meisten außer mich selbst im nicht tun und nicht leben der Ur-eigensten Bedürfnisse (das hat mit EGO im Sinne von Egoismus nichts zu tun).

*Wenn es dir gut geht*, geht es automatisch den Menschen um dich herum auch gut, denn du nährst dich und Alle anderen von dieser positiven glücklichen Energie der *LIEBE zu dir selbst.*

## *Antwort:*

Natürlich! darfst du das, denn es ist dein Leben und du kannst nach dem Tod nichts davon mitnehmen außer deiner Seele selbst!!

***JETZT!***

Du darfst gerade ***JETZT*** in dieser wundervollen Novemberenergie wirklich Alles anschauen - einige Schatten noch in dein Licht integrieren und vieles loslassen.

***Der November als STARTUP***

***- NEUBEGINN***

***- Erster Tag vom Rest deines Lebens!***

Du bist es dir wert dich zu lieben und liebevoll und voller Respekt und Achtung im Mitgefühl mit Dir umzugehen.

Keiner kann dir dies geben oder nehmen, außer DU selbst!

## Ent-Scheide(ung) DICH

## *Herzensruf!*

### *Wenn die Seele liebt.*

Wo auch immer du geht's, gehe mit deinem ganzen Herzen …. denn

es ist dein Herz, was dich dazu auffordert glücklich, voller Freude und im Frieden mit dir zu leben.

Was gibt es schöneres als die Herzens-Liebe!

Was auch immer du in deinem Leben erreichen mögest, ist es doch die Liebe die zählt!!

*Da gibt es einen tollen Spruch* - Magneten, den ich an meinem Kühlschrank an einem ganz bestimmten Moment in meinem Leben angebracht habe; letztes Jahr um Weihnachten herum:

*"Was wir auch in dieser Welt erlangen mögen, ist doch die Liebe das höchste Glück"!*

**Philipp Otto Runge**

*Wie wahr!*

Dieser Magnet bedeutet mir sehr viel … In Gedanken an Menschen, die ich aus ganzem Herzen liebe…

***"Wenn die Seele liebt" dann ist das das höchste Gut … für mich.***

*HOME is where the HEART is - TRUE!*

*Das zu spüren tut gut und im Bewusstsein kommt immer mehr die Liebe zu sich wie ...*

*"Achtsamkeit & Wertschätzung" Vertrauen & Vergebung als Spiegel im Gegenüber!*

*Einfach Sein in Liebe.*

*Der Schlüssel liegt in der Herzensbegegnung ... auch wenn oftmals der Kopf Angst sagt und Unsicherheiten laut und breit werden lässt.*

*Loslassen - nur Mut - du bist auf dem richtigen Weg wenn du deinem Herzen lauscht und es zu dir sprechen lässt.*

*Loslassen - dein Kopf - deine Gedanken haben ein bisschen Angst vor dem NEUEN, das ist ok.*

*Die Stimme im Kopf will sich in "Sicherheit wiegen und Gefahren und Unsicherheit" tunlichst vermeiden.*

*Aber was ist das für eine sogenannte Sicherheit ….*

*Eigentlich ist dies keine Sicherheit sondern aus Angst vor Verletzung = Unsicherheit!*

*Was kann da falsch an einer "Herzensentscheidung - Herzensweisheit" im Inneren sein.*

*WAS?*

## *Sind Gefühle / Intuition Anziehung - Magnet wie:*

*Freude*

*Lachen*

*Glück*

*Verliebtheit*

*Schmetterlinge im Bauch*

*"Zwei Vögel auf einem Ast mit dem Schlüssel und dem Herzen"*

*etwa falsch???*

*Wenn es nicht um die Liebe im Herzen geht, um was geht es den dann im Leben; im Dasein ...*

## *Nicht umsonst sind Worte wie:*

*Aus dem Herzen lieben*

*Folge dem Ruf des Herzen*

*Barmherzigkeit!*

*Ich liebe Dich*

*Balsam für Körper - Geist & unserer wertvollen Seele.*

*"Seelenheil" - "Seelenheilung"*

*Wenn die Seele liebt, dann gibt es kein zurück mehr ...*

*Dein Weg will beschritten werden egal welchen Weg du gehst und was er dir abverlangt - es ist dein Weg!*

*Geh ihn mutig, achtsam und in LIEBE.*

*Folge dem Ruf deines Herzens!*

*Dein Herz weist dir den Weg voller Vertrauen und Vergebung in Dir.*

*Herzensweisheit - Herzenswahrheit - Herzensweg*

*HERZ über KOPF - Gefühl über Verstand*

*Love - Light and Joy deine Claire*

# Mit sich im Einklang

## Wer suchet der findet!

SEIN - Im SEIN sein …. des Rätsels Lösung im Umgang mit sich und anderen

<u>*SEIN*</u>

**Bei sich bleiben** und den **Spiegel als Schatz** (wer suchet der findet) erkennen!

<u>Heute beim Frühstücken die totale Erkenntnis gewonnen:</u>

Wenn DU erkennst, dass du all das Potential in dir selbst trägst (des Rätsels Lösung bei dir selbst findest), dann kann dein Licht wahrlich leuchten!

All das, was du dir vom anderen wünscht (ist bereits) - bereits in dir trägst aber eventuell noch nicht selbst erkennen kannst (Prägungen), noch blind bist und erst deinen Kopf und deine Augen in Richtung Himmel heben musst, um den Horizont, der sich in deiner derzeitigen Haltung (Blickrichtung gen Boden) dir noch verbirgt und du dir dies noch verwehrst …..... kann sich dir erst dann offenbaren, wenn du wirklich bereit bist - erst dann!

## Sehen & Erkennen darfst / kannst!

**Ja**, dann kommt der **AHA-EFFEKT!**

## All das, was dir dein Gegenüber aufzeigt und du so voller "Interesse und Neugier" begegnet … hast (trägst) DU bereits in DIR!

Ja, all das schlummert noch so vor sich hin …

Will entdeckt und gelebt werden.

Will sich entfalten; ausprobiert werden.

Will sich stark machen und zur eigenen Größe entwickeln.

Will sich wieder ein Stück in der Entfaltung - groß werden Ent-wickeln.

***DU, Ja DU liebe Seele bist bereits vollkommen GANZ***

***Du bist bereits perfekt in DIR***

DU hast Alles was DU brauchst um Glücklich zu SEIN.

## DU bist bereits all das was du dir wünscht und eventuell in deinen Partner / Gegenüber suchst und zu finden hoffst!!

Frage Dich:

Was zieht mich am Gegenüber so an … was gefällt mir so sehr, dass ich es haben möchte …. mir wünsche mit diesen Menschen mehr Zeit zu verbringen?

**<u>Mache dir nun eine Liste all dieser Qualitäten deines Gegenübers:</u>**

(Neuer Partner - Neue Freundschaft - Neue Stelle - Neue Herausforderungen)

*Beispiele:*

Das Lächeln finde ich so schön

Die Augen sind so schön groß und strahlen mich an

Wie dieser Mensch redet macht mich an

Wie er sich bewegt … grazil - fein - ruhig - gleichmäßig

Der Körper dieses Menschen fasziniert mich

Die Haarfarbe ist toll

Dieser Duft dieses Menschen regt mich an

Wie er spricht fasziniert mich total

Die Stimme ist so toll

Mit diesen Menschen kann man so viel Spaß haben

***Die neue Herausforderung bietet mir so viel Neues an wie:***

Wissenstand

Potenzial

Kreativität

Macht

Handlungsspielraum

Ich kann dadurch mehr "Wissen ist Macht" ausüben

Stellenwert

Selbstwert

***und vieles mehr …***

***Was ist es genau, was dich am anderen anregt oder sogar ab turnt!?***

Wenn wir unsere Perspektive (Vogelperspektive) ändern und uns immer mehr in den Fokus (Blickrichtung) auf uns selbst richten, werden wir sehr wohl erkennen, was uns das Gegenüber spiegelt in Guten wie in schlechten Tagen

(Ebbe und Flut) und so wohl auch erkennen, was hier unsere eigenen Anteile sind wie Licht & Schatten!!

***All das, was uns im ersten Moment so unglaublich fasziniert (Blick) finden wir bereits in UNS SELBST***

***All das, was uns am anderen stört, finden wir auf den zweiten Moment (Blick) nach mehrmaligen hinsehen auch bei UNS SELBST wieder***

Und das ist so sicher wie das AMEN in der Kirche ;-)

Wage den Blick in den Spiegel zu Dir ...

Trau Dich Kontakt mit Dir und deiner Seele aufzunehmen ...

Es lohnt sich und wenn du den Schatz aus den Tiefen der Meere (Seele) gehoben hast, dann öffne die Schatztruhe „voller Vertrauen und Geduld" und du findest all das Potential in dir selbst wieder ... nur jetzt kannst du es sehen und in die

Hand nehmen voller Power(Verantwortung deiner Handlungen im Tun und auch im nicht Tun)

Je tiefer du im Herzen lebst, je klarer wird der Spiegel ❤

~ Rumi ~

## *Werde dir deiner Bewusst und nutze den Spiegel als:*

***Erkenne Dich selbst!***

***Alles in Maßen!***

und das nächste Mal, wenn dich was begeistert oder ab turnt, frage Dich doch mal was es diesmal ist und wo genau du es findest …

und warum du jetzt die

**Gelegenheit / Abenteuermöglichkeit**

bekommst, dies erleben zu dürfen.

Einen weiteren Schritt weiter ...

Einen Schritt zu sich und seiner "Vollkommenheit"

Als göttlicher Funke - Wesen, dass bereits so perfekt ist wie es IST!

Einfach göttlich wunderbar & im Sein einzigartig und wahrhaftig schön

*DU!!*

# Seelen sind all die Geschöpfe der Erde und des Universums!

**Friede sei mit Euch und mit deinem Geiste …**

Es ist an der Zeit und war eigentlich schon immer so, dass Wir die Wesen eine Einheit zwischen Körper - Geist & Seele bilden und dies auch hier und jetzt wieder erlangen müssen.

**Was trieb uns als Mensch so an, dass wir unseren Ur-Sprung so vernachlässigt und oft schon verloren haben?**

**Warum denken wir, dass wenn wir materiellen Reichtum anhäufen uns es dann erst im Wesentlichen besser geht?**

**Was haben wir jetzt erreicht, was uns vorher angeblich verwehrt wurde?**

Ist es denn wirklich so, dass wir mit all unseren Streben nach MEHR

# "glücklicher und zufriedener"

werden / würden?

All die sogenannten Reichtümer unserer Erde im materiellen Sinne erstrebt und erreicht werden müssen.

**Noch höher - noch weiter - noch mehr!???**

WARUM eigentlich ...

WARUM denken wir so ...

WARUM glauben wir, dass wenn wir mehr besitzen, wir automatisch glücklicher sind ...

Viele von uns haben schon erkannt, dass wir dann zwar mehr besitzen aber irgendwie auch die Angst vor Verlust steigt.

Verantwortung und Sorge um das erreichte breitet sich immer weiter in unserem Bewusstsein aus. Auch der finanzielle Anspruch und der finanzielle Einsatz steigen in dem Sinne, dass irgendwie Alles erhalten werden muss.

Das Haus braucht neue Fenster und das Auto muss in die Werkstatt!

Automatisch steigt der Anspruch an mehr Einsatz und Verpflichtungen!!

**<u>Das wird schon dadurch bemerkbar, in wie weit wir uns selbst weiter antreiben, dass was wir angeblich erreicht haben an:</u>**

Ansehen

Status

Besitz

Stellung

Selbst-Wert (zumindest künstlich erzeugt)

Respekt

Wert-Schätzung (erworben aus Statussymbolen)

**<u>Wir nicht mit einem Wimpernschlag wieder verlieren aufgrund von:</u>**

Arbeitseinbruch / Rezession

Scheidung

Schlechtes Jahr

Krankheit / Burnout / Depression

Verlust eines geliebten Menschen

wieder verlieren!

*Was dann?*

*Back to the roots*

*Zurück zum Ursprung ...*

Was macht uns eigentlich aus; über was und wem und überhaupt könnten wir uns noch definieren; in der Hausgemachten Welt des Materialismus.

## *Weg weg vom:*

Konsum

Täuschung

Zeitkiller

Kurzfristiger Befriedigungen

Manipulation & angeblicher Glück‑ lich macherei.

*Ist es nicht so, dass Mutter Erde uns Alles bisher gegeben hat und weiterhin noch gibt bzw. geben kann.*

Wann wachen wir endlich auf und beginnen wieder im Einklang mit der Natur zu leben.

Im Einklang mit unseren natürlichen Rhythmus zu kommunizieren.

Wieder die Verbindung zwischen

UNS - dem Tierreich und den unsäglichem Schatz der Natur

zu knüpfen.

**Gleich-Klang zwischen Körper - Geist & Seele**

**Gleich-Klang zwischen Himmel & Erde**

**Gleich-Klang zwischen Mensch - Tierwelt und Natur!**

**Schluss mit all dem Übermaß an:**

**Mehr - weiter - höher - erfolgreicher und was auch immer hier uns suggeriert wird.**

**Du bist nur gut wenn ...**

Natürlich (endlich wieder natürlicher werden) auch mit dem körperlichen Übermaß durch Nimmersatt, auf der Suche (Sucht) nach mehr.

Nach mehr Befriedigung mit Uns selbst!

*Schluss mit der unendlichen Gradwanderung zwischen:*

Familie - Beruf und angeblichen Erfolg!

Sind wir doch mal  *ganz ehrlich*  mit uns selbst!

Wir hecheln der Zeit hinterher und versuchen ständig Ausgleich für das verloren gegangene zurück zu erlangen.

Alles spiegelt sich aufgrund unseres Verhaltens in uns und gerade auch im Außen wieder.

TV - Modewelt - Supermärkte und all das ganze drum herum zeigen uns, das wir im Ungleichgewischt / Übermaß allmählich kollabieren und den persönlichen Kollaps aufgrund unseres Hamsterrad-Verhaltens gar nicht mehr wahrnehmen bzw. auch nicht mehr wirklich wahrnehmen können.

Wir, das Kollektiv (Volk - Natur - Erde) sind schon so betäubt und verwirrt in unserem Verhalten verstrickt, dass wir nur noch funktionieren.

## "Hamster-Rad"

DU hast jetzt die Möglichkeit dein Leben wieder auf das wesentliche zu konzentrieren...

WIE?

Ganz einfach - einfach die Hälfte als Maß nehmen und zumindest damit anfangen.

Was ist für Dich wirklich wichtig, ist hierbei eine gute Frage und ausschlaggebend für deinen weiteren Wert-Gang oder wie ich gerne sage

*"Gleich-Klang"*

***Raus aus dem Schatten ins Licht und somit den Schatten ins richtige Licht rücken (Licht und Schatten - Ying & Yang) und Ausgleich schaffen!!!***

Wie wäre es, wenn es eine ganz einfache Handlungsweise dafür gäbe - gibt!?

### ***Ganz einfach:***

Weniger Essen (fressen)

Weniger Konsum

Weniger TV -

Weniger geistigen Müll reinziehen

Weniger an angeblichem Status

***Mehr an:***

Leichtigkeit gewinnen

Mehr Zeit für die wesentlichen Dinge wie:

Familie - Kinder - Gemeinschaft - Glaube - Miteinander

Mehr Zeit für geistige Musen wie:

Lesen - Kunst - Schreiben - Musik

# Mehr ZEIT für die LIEBE!!!

Dann wird das "WENIGER WIEDER ZUM MEHR" und wir kommen wieder in den *natürlichen Rhythmus* mit UNS und der Welt; lernen wieder das Wesentliche als Augenmerk zu realisieren und zu leben.

# Achten die Natur (Fauna und Tierwelt)

# und verzichten *freiwillig* auf ein Über-Maß!

Bringen durch unser zurückgewonnenes natürliches Verhalten, die Natur wieder in die Ausgewogenheit zurück und verzichten auf all die unnötigen Dinge in unserem Leben die uns belasten und aussaugen.

Haben wieder Zeit, die Gemeinschaft (Familie) zu leben und treffen uns wieder am sogenannten Lagerfeuer voller Musik - Lachen - Spielen und Tanz!

Dann haben wir verstanden (unseren Verstand genutzt) zu erkennen, was **wirklich wesentlich** ist und das ***die Natur*** uns immer aufzeigt wer und was wir sind und geworden sind.

## Dann sind wir REICH an WOHL SEIN

*„GLÜCKlich und zuFRIEDEN"*

*Raus aus der Schattenwelt; raus aus dem Schattendasein voller Freude ins Licht der Liebe und der Einheit mit der Welt!*

**In diesem Sinne ...**

Auszug aus meinem dritten Buch:

„Botschaften eines Erdenengels"

# Herzensliebe

Aus dem Herzen lieben!

Ich liebe Dich sind unglaublich schöne Worte, die da über die Lippen gehen und oft auch in Gedanken gesprochen werden.

Oftmals einfach so daher gesagt und ohne wirkliches Bewusstsein, was das für Dich und deinem Gegenüber bedeutet und an Auswirkung hat.

Eine der höchsten Energieschwingungen für Körper - Geist und Seele!

Eine der höchsten *Heilenergien* überhaupt.

*"LIEBE"*

Also, warum nicht so oft wie möglich *"Liebe - Ich liebe Dich"* denken & sprechen im Bewusstsein der mächtigsten Worte nebst *"Erfolg"* / *"Reich" - Ich bin Erfolg-Reich.*

**Liebe ist, heißt es so oft aber was heißt das genau ... ?**

Heißt das, ich *Liebe* dich weil oder weil ich dich ***bedingungslos Liebe*** so wie **DU bist!!?**

Ich liebe dich mit Allen *"Ecken und Kanten"* bzw. ich kann Dich so stehen lassen auch wenn Du mir auf den Wecker / Zeiger / Nerven gehst. ;-)

Nicht das zu mir sagt, was ich gerade in diesem Moment hören und fühlen will.

*DU mich vielleicht unentwegt ignorierst und mir tief in mir drinnen, im inneren damit weh tust.*

***Liebe ist, heißt es doch so oft ... aber was heißt das wirklich genau ... ?***

Ich *Liebe* Dich, weil du schön bist und ich mit dir so "herzlich lachen" kann.

Ich *Liebe* Dich, weil du mir den "Respekt und die Achtsamkeit" gibst, die ich und jeder andere einfach verdient.

Ich **Liebe** Dich, weil ich mich mit dir "soooo Verbunden fühle" und Du mir das Gefühl von "Vertrauen & Geborgenheit" gibst.

Weil du mein bester Freund / Freundin Bruder / Schwester, mein Kind bist.

***Liebe ist, heißt es doch so oft ... aber was heißt das denn nun ganz genau ... ?***

Bin ich den auch wirklich bereit all das, was ich mir von meinem Gegenüber wünsche und oftmals einfordere auch wirklich bereit und mir vollends bewusst, mir dies auch selbst zu gewähren - selbst zu geben, mit all der Liebe und Achtsamkeit / bedingungslosen Liebe mir selbst gegenüber im Sein auch wirklich zulassen!

***Ohne Erwartung - ohne Tadel - ohne innere Kritik und ohne Furcht vor Enttäuschung mir selbst gegenüber !?***

*Finde das Schöne in deinem Herzen,
auf das du es in jedem Herzen
entdeckst.*

*~Rumi*

**Was heißt eigentlich**

 **"bedingungslos Lieben"** ....

*Ich vergleiche das oft mit der LIEBE zu meinen Kindern, die egal was Sie tun (ok nicht immer egal) ich Sie trotzdem und überhaupt Liebe und immer wieder die Akzeptanz - Verständnis - Mut - Treue und das Vertrauen aufbringe in Sie und natürlich auch in mich als Mutter / MOM.*

*Ist es denn nicht ein gegenseitiges "lernen & erkennen", dass uns in unserem Herzen; unserer Liebe weiterbringt und verstehen lässt.*

Fließen lassen und zulassen voller Vertrauen - Vergebung mit einer Portion Mut und Bereitschaft immer wieder aufs Neue einen Raum der Zuversicht - Glaube - Frieden und Freiheit Dir und deinem Gegenüber - deinen Liebsten zu gewähren.

Eine tolle Übung, die ich für mich entdeckt habe ist das tägliche Herzöffnen, dass Pflegen des Herzchakras mit einer Hand auf dem

Herzen und mit der anderen Hand auf dem Solarplexuschakra tief einzuatmen und die Liebe (rosa - grünes(Herz) und gelbes Licht(Solar / Ego) beim ein- und ausatmen fließen zu lassen. Im Gefühl der Geborgenheit und Liebe zu sich und der Welt.

*Einfach fließen lassen!*

Dann gehe ich hinaus in den Tag und segne Alles und Alle in Liebe!

Ich grüße freundlich und schaffe Begegnungen voller

*"Respekt & Achtsamkeit"*.

Mit freundlichen Gesten gehe ich durch den Tag und lächle mit einer großen

Portion Humor und meinem / einem kleinen Schalk im Nacken dem entgegen, was mir gerade begegnet.

## *Affirmation:*

Ich bin mit Allen Menschen / Wesen EINS in Gelassenheit und Frieden.

Ich bin Liebe.

Love & Light

eure Claire

**Auszug aus dem vierten Buch:**

**„Herzensweisheiten eines Erdenengels"**

## Ein Machtvolles Instrument des Herzens.

### *„Vergebung"*

Wie lebe ich, wie kann ich Vergebung umsetzen und leben.

Was bedeutet das…" Ich vergebe meinen Nächsten und mir selbst"

Ich bitte darum… aber WIE?

- Was mir immer wieder in den Sinn kommt und ich denke auch, gar nicht so leicht umzusetzen ist, ist jemanden zu vergeben weil….

Dieser jemand hat mich…

Verletzt

Kritisiert

Gerügt

Verleumdet

Verlassen

Demütigung

- Auch schleppen wir von „Jahr zu Jahr" all diese" vergangenen Taten" mit uns rum; auch die, die wir selbst begangen haben und uns dafür schuldig fühlen!?

Ist Vergebung wichtig?

Was bringt mir das?

Ich möchte meiner Wut Ausdruck verleihen und den anderen das zurückgeben, was er mir angetan hat bzw. ich gebe mir jeden Tag insgeheim die Schuld für mein tun zurück, indem ich mich schlecht fühle.

**Ich denke und glaube, dass** „Vergebung" ein wichtiger Baustein **unseres**

„Da – Sein"

Ist!

Wer vergibt liebt!

- Sich selbst und der Glaube an das Gute wird dadurch genährt und bestärkt! In einem Ausmaß, was oft im ersten Moment nicht spürbar und sichtbar ist und doch sich auf unserer Gemüt und Umfeld auf lange Sicht im Großen bemerkt machen wird!

**<u>Wie:</u>**

- Wenn ich mir in erster Linie selbst vergebe und automatisch auch all den Anderen mit Ihren Selbstzweifeln und mangelndem Selbstwert ( oft steckt das dahinter ) vergebe, schaffe ich automatisch mehr und mehr

**„Licht & Liebe"**

- Für mich und Alle anderen auf dieser Erde.

Vergebung heißt ja nicht selbstverständlich, dass ich toleriere was der andere tut und wie er mit den Dingen umgeht…

**NEIN, das tue ich damit nicht!**

Ich gebe das Gefühl der Schwere frei!

Ich befreie mich von der Last und der Schuld; der entstandenen Sühne.

Ich befreie mich vom Opferdasein

Ich befreie mich vom Täterdasein

Ich befreie mich von schlechten Meinungen

Ich befreie mich von vergangenem Sein und erschaffe mich und mein Bewusstsein auf ein Neues.

**Ich lebe in Liebe und Freiheit!**

Nun, wie kann ich diese Vergebung umsetzen und leben.

**Das könntest Du tun.**

- Atme tief in dein Herzen hinein und schreibe deine verletzten Gefühle und / oder deine Taten auf.
- Atme tief in dein Herzen hinein und breite deine Arme aus und lass die Liebe in dein Herz.
- Lasse den Schmerz der sich nun breit macht einfach freien Lauf. Atme tief ein und aus … mehrmals … ein und aus bis dein Herz nicht mehr so bebt.

- Fülle deine Gedanken mit den Worten …
  Ich …. (Name) vergebe mir und (Name des Täter / Opfers) aus ganzem Herzen.
  Es tut mir so unendlich leid, was zwischen uns geschehen ist … und bitte die „universelle Kraft" (Engel – Engelshelfer – aufgestiegene Meister) mich dabei zu unterstützen und mich bei diesen Prozess / Ritual aus ganzen Herzen zu befreien, sodass ich wieder voll und ganz aus der unendlichen Liebe schöpfen kann!
- Ich löse die schwarzen Flecken in mir auf (Symbolisches Reinemachen mit einem Putzlappen / Spachtel wegkratzen / Spray / violette Flamme) indem ich reine mache.
- Ich Atme tief ein (lasse Neues rein) und atme mit langem Atem (altes, verbrauchtes, gelöstes) nun aus.

- Nachdem ich mich befreit fühle (wenn nicht, einfach X-beliebig wiederholen – wird von Mal zu Mal einfacher und leichter) nehme ich meinen Zettel und begrabe, verbrenne oder entsorge diesen, wie ich es für richtig halte.
- Ein symbolisches Zusammenbacken in einem Sack, den ich auf ein Boot lege und den Fluss wegsegeln lasse ist auch gut möglich. Dies kann gedanklich zu jeder Zeit auch durchgeführt werden.
- Ich öffne meine Arme ganz weit und breite sie wie Flügel aus und lasse die Liebe und das Licht in mein Herz hinein „Ich öffne mein Herz für die Liebe". Dreimal täglich!

**Auszug aus meinem ersten Buch:**

**„Wie werde ich ein Erdenengel"**

# #8 Die Kraft & Lust im Tarot

## „Liegende Acht"!

Handelt von wahren und falschen Kräften … Verständnis und Illusion

**"Toleranz und Verständnis"**

Im Kabbala "Kaph"; eine halbgeschlossene Hand die im Begriff ist zu geben und / oder zu nehmen. (Fester Zugriff)

**Die Hand die aktiv zugreift ….**

!Siehe den astrologischen LÖWEN = das Symbol für die göttliche Kraft!

Also…

Mit sich selbst ins reine kommen,

sein Potenzial / Selbst ausgleichen.

Den inneren Löwen (Kraftpotenzial) begegnen und gleichzeitig liebevoll bändigen und im Vollen leben.

Nonverbal wie ein Dompteur mit sich und seinem Gegenüber (Telepathie - telepathisch besser verständigen und als Vermittler auf dieser Ebene nonverbal sprechen) kommunizieren.

## Seine Mitte leben!

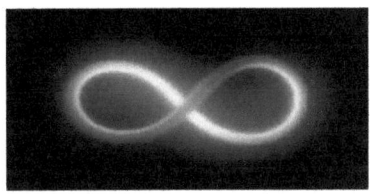

*Die größte KRAFT kommt aus der LIEBE!*

Kinesiologie / Kinesiologische Arbeit

In der Kinesiologie wird die liegende Acht als Ausgleich / Konzentrierung / Entspannung / Visualisierung genommen.

Somit werden beide "Gehirnhälften" (Vernetzungen im Gehirn gefördert) durch das mit dem Augen nachmalen einer in der Luft liegende Acht immer und immer wieder aufs Neue vernetzt.

Lese-und Rechtschreibschwäche - Konzentrationsschwäche - Überreizung - Zentrierung der Gedanken und Gefühle - Ausgleich - Ruhe - Entspannung usw.)

Mit einem Blatt Papier kann die "liegende Acht" auch nachgemalt werden.

Lebenszahl: von Dan Millman

Und oder geschwungen werden. Auch ruhig mit den Händen in der Luft nachmalen und in dieser Übung gut ein und ausatmen.

Für Kinder / Schüler / Erwachsenenarbeit (Senioren) eine wunderbare Konzentrations- und Vernetzungsübung (Ying & Yang - Energien ausgleichen)

Kann auch mit den Hüften (Körperschwingung) im stehen jederzeit nachgeschwungen werden.

Ich mache das oft und nutze diese Übung beim stehen, wenn ich mit jemanden gerade im Gespräch bin.

**Oder:**

Beim langem arbeiten am PC/ Schule / Arbeitsplatz einfach auf die Seite sehen

und die *"liegende Acht visualisieren"* und mit den Augen gedanklich / visuell nachmalen….

**Kabbala: Kaph**

"Die Hand, die aktiv zugreift"

Die 11. Hieroglyphe

*8.* Arkanum im Waite Tarot - Telepathie, Kraftübertragung

**Organ: Herz**

**Astrologie:**

**Die spirituelle Ebene des Löwen**

Warum ich die **8** immer wieder in den Büchern aufzeige ist, da es sich hier um die Kraft – Macht – Handlung und einer der stärksten Nummerologie der heutigen Zeit in unserer Gesellschaft / Kollektivbewusstsein immer und immer wieder spiegelt. Positiv genutzt bewirkt es wirkliches Berge versetzen.

# GLÜCK

Hans im Glück

Was bedeutet den Glück haben; Glück gehabt zu haben oder ich bin im Glück

Über „was und wen" definieren wir das GLÜCK!

**Ich habe Glück, weil ....**
***ich* ...**

Arbeit

Geld

Wohnung

Auto

Schmuck

Essen

Freunde

Liebe

Erfolg

### *habe ... besitze!?*

wähle doch mal nur **drei Dinge** aus,
die wirklich wichtig für Dich sind und
dann reden wir weiter ....

## PAUSE!

# *SO, was sind die drei Dinge, die du für wirklich wichtig erachtest!*

Was ist wirklich von elementaren WERT für mich ...

Wovon kann ich - du - wir wirklich uns nähren!?

*Was macht mich langfristig "glücklich"*

## **Grund:**

Weil ich dann .... "glücklich - glücklicher" bin!?


Ist es wirklich der Porsche in der Garage ... das Haus - der Hund - die Freundin - die Liebe des Lebens ...

Was ist es, was DICH glücklich macht.

Ist es die Mischung aus:

WAS?

Zu welchem Ergebnis kommst du.

Für mich persönlich ist es immer zuerst die Liebe in Allem zu entdecken und mit Leidenschaft an die Dinge rangehen zu dürfen!

# *LIEBE*

Die Mischung aus der Basis wie
Gesundheit -essen - ein warmes Dach
und dann .... schreiben zu können - dem
Geist der mir innewohnt freien Lauf
gewähren zu können durch ZEIT die
ich als kostbare Zeit bewerte und
nutzen kann, da ich sie mir durch Frei-
Raum erschaffen habe.

## *LIEBE*

Aber die elementare Basis ist die Liebe
… Liebe zu mir - meinem Kind -
meiner Familie - Freunden -
Bekannten.

## *Herzensliebe - Seelenliebe*

Mit wem und durch wen kann ich mich am besten austauschen und fühlen; Erfahrungen fürs Leben sammeln!

## *Wohlfühlen!*

Eine gute Mischung

Liebe ist … für mich, dass höchste Gut und wichtigste in meinem Leben.

## *Ich bin …*

Liebe & Licht & Freude

Herzensgrüße Clarissa!

# Der Weg ist das Ziel! – Konfuzius*

**Praxis für Psychotherapie**

**Clarissa M. Seite**

Heilpraktikerin für
Psychotherapie[HPG]
Suchtberaterin
Mediale Psychologische
Lebensberatung / Kartenlegungen

**TAROT / KIPPERKARTEN /
ENGEL / KRAFTTIERE**
REIKI – Meisterin / Lehrerin

SCHREIBMEDIUM &
SPRECHMEDIUM

# Die liebevolle Maus als Kraftspender und Krafttier zugleich!

Die liebevolle Maus schaut und rennt an dir vorbei und bleibt auch manchemale stehen, um dir das Geheimnis von der "Sanftmut in Allem" zu berichten und gleichzeitig auch beizuwohnen.

Keine Angst! Sie ist auch ein wenig schreckhaft, genau wie Du und hat auch ein wenig Angst vor Nähe, will dir aber gleichzeitig durch Ihre sanftmütigen Augen die Angst nehmen und dir das Vertrauen in Dir und zu Ihr schenken!

Nur zu, trau dich zu schnüffeln - zu probieren und die guten Dinge im Leben anzunehmen.

Rein lassen ins Herz - ins Leben - ins Geschehen integrieren.

Neues zulassen und leben und lieben lernen.

Es ist immer und allzeit für Dich gesorgt. Keiner will dir was

wegnehmen und schon gar nicht die
liebe MAUS!

Im Gegenteil, Sie will dir die
Gerechtigkeit schenken.

*Teilen und aufmerksam beobachten, was du brauchst um dich "wohl & sicher" zu fühlen.*

*Sie zeigt dir die unendlichen Möglichkeiten auf und was nun an reichen und schöpferischen Gelegenheiten zu Dir durch das drehende Rad des Schicksals auf Dich zu bewegen ...*

*Du bist in Sicherheit und darfst nun schöpfen!!*

# Wage den Blick in die Augen der lieben Maus; ganz tief den Blick in die Tiefen der Seele blickend.

Jetzt ist die Zeit eingetroffen und Altes löst sich komplett auf weil die Maus durch Ihre Gegenwart dich nochmals in Träumen aufzeigt, dass du jetzt durch die Botschaften genau erkennst und in deine Tatkraft gehst.

*Träume gut und hab einen wohlgesonnen Schlaf, der dich in deine Tiefen bringt - wo du zu dir selbst kommst und in dein Vertrauen gehst.*

… dann wach auf und du wirst wissen das **Alles seine Ordnung** und seinen *eigenen Zauber von leben & lieben hat.*

## Du bist umgeben vom guten Geist der Maus!

Umhüllt von der Zärtlichkeit und Liebe mit einem Hauch von einem tiefen kurzen Blick - tief - sicher und voller Vertrauen.

Die Maus lässt dich herzlich Grüßen und wünscht dir nur das Beste, jetzt und allezeit.

Love & Light deine Claire

## Der Drache als Krafttier!

Der Drache als eigentlicher Phönix
steigt nun vor deinen Augen empor ...

Mach dich frei, denn du bist frei!

Frei von deinen eigen auferlegten
Einschränkungen!

Frei von all den Beschränkungen die
Du dir im Laufe deines Lebens
auferlegt hast, um konform - geliebt
und gewollt zu sein.

## *Warum ?*

Befreie Dich endlich aus deinem
enggestrickten Da-SEIN

Raus aus fahlen / faulen Kompromissen
steigt der PHÖNIX in dir auf in die
Höhen der Lüfte und lässt dich
vielleicht zum ersten Mal das Gefühl
spüren, was es heißt frei zu sein. Mit
dir im Einklang zu sein.

Kurzes rein hören und lauschen was
DU willst!!

## *WAS WILLST DU WIRKLICH!!*

Schau ihn an den prachtvollen &
starken Drachen ...

## *NEUE WUNDER KÜNDIGEN SICH AN!*

Folge nun auch deiner Stärke in Dir
und wisse um die Macht deines
Ausdrucks.


*Ein Wort wird Alles
ins Rollen bringen.*


Spreche aus was DU denkst - fühlst und
leben möchtest.


*Sei FREI*

# Gib deinen Wünschen und Gefühlen AUSDRUCK

Keiner kann dich beschränken, außer DU selbst!

Fliege hoch in die Wolken deiner Träume und lasse diese Wirklichkeit werden.

Ein Wort - eine Geste - ein Ausdruck können dies bewegen und bewirken.

Es gibt keinen richtigen Zeitpunkt
sonder ein JETZT.


Schaue nach vorne auf deinen nächsten
Schritt in die neue Richtung.


Das Leben ist kostbar und der Drang
der Seele will nun auf neue Pfade
wandeln.


*NEUANFANG - JETZT*

## Der Rabe als Botschafter unserer Zeit!

Wenn der Rabe dir heute oder gerade an Vollmond begegnet ist es eine Botschaft wie folgt:

Es ist soweit, mach dich bereit denn der Ruf der Krähe / Rabe / Elster will dir folgenden Satz mitteilen.

Alles Alte ist nun vorbei und das NEUE klopft bereits an deiner Tür!

**Du wirst die Zeichen der Zeit unmittelbar erkennen.**

*Ein Anruf - eine Mitteilung oder ein starkes inneres Gefühl sagen dir ganz genau was Sache ist. Vertraue deinem Gefühl. Es ist bereits da!*

## *Das dritte Auge*

**Das magische Dreieck**

**Die kraftvolle Pyramide**

**Seher - Lichtbringer - Energie und zwischen den Welten ...**

Öffne das Tor ins Licht und lass all die kraftvollen Schwingungen hernieder scheinen auf eine neue gute ausgeglichene Zeit auf Erden

Du kannst Dich im Sehen üben.

*Das dritte Auge*

Das 6. Chakra ist in der Mitte der Augenbrauen; reibe den Punkt ab und an und gerade wenn Entscheidungen anstehen kann dir dies die nötige Antwort auf deine Fragen liefern. Du hast all dein Wissen in dir.

*Die Pyramide als Kraftspender*

**Zentrierte gebündelte Kraft**

## *Lausche dem Ruf deines Herzens*

*Du trägst all dein Wissen in dir!*

**Die Eins als magische Zahl**

**Im Tarot auch als Magier bekannt.**

Ich glaube heute ist der Beginn für eine totale Neuordnung mit Blick im Fokus

auf Elektroautos Windenergie -
Sonnenenergien – bedingungsloses
Grundeinkommen - Kollektive
Bewusstseinserhebung in Hinsicht auf
Mutter Erde und ein ausgewogenes
Miteinander auf Erden!!

Mr. Trump als Aufforderung und
Notwendigkeit - als Spiegelbild jetzt in
die Kraft und ins Handeln zu gehen.

WERTE - Demokratie!

Den Spiegel auch bei uns in
Deutschland als kleine Schwester vom
großen Bruder ansetzen.

Sehen und Handeln - jetzt

Globaler Fair Trade, so dass jeder zu
seinem Einkommen kommen kann....
Denn grade beim Amerikaner ist die
Lebenssituation seit dem Crash der
90er im Immobilienmarkt und natürlich
als Folge an der Wall Street vieles den
Bach runter.

Ca. 40 Personen besitzen ca. nicht ganz
2/3 des Gesamtvermögens in der Welt

(Weltmacht durch Besitz - Geld – Einfluss) und somit eine unglaubliche Macht durch diesen Besitz ; ca. 400 Personen, das sind 1/3 und der Rest sind Millionäre und letztendlich ein Hauch von 0,01 % - also der Rest der Bevölkerung der o. g. Personen durch Konsum - Abhängigkeiten (Hamsterrad) finanziell immer reicher und reicher macht!

Nur produzieren und wegwerfen funktioniert nicht mehr und das trifft die ganze Welt in diesem Sinne.

"Globale Veränderung jetzt zur Umsetzung nötig"

Die Grenzen sind erreicht und gerade mit Trump als Reflektor nicht nur einer Nation sondern im kollektiven Denken nötig um eine Veränderung - Transformation als Notwendigkeit zu erkennen und zu akzeptieren!!

Werte müssen komplett überdacht - geändert und verinnerlicht werden.

Keiner will (mehr) in den Krieg ziehen
und schon gar nicht mehr der
Amerikaner ...

Zerstörung Hunger - Leiden auflösen!

Eine universelle Kraft 1 11 111 1111

### ***Buchempfehlung:***

Nummerologie von Dan Millman

### ***Stichwörter wie:***

Kinesiologie die liegende Acht

Kabbalah

Zwillingszahlen

Tarot und Zahlensymbole

# Zwilling II Hohepriesterin

**Impressum**

**Personendaten**

Vorname Clarissa M.

Nachname Seite

Firmennamen Praxis für Psychotherapie - mediale psychologische Lebensberatung

Geburtstag 19. August 1969

Sternzeichen Löwe

Geschlecht Weiblich

Familienstand Verheiratet

**Kontaktdaten**

Strasse Winibaldstr. 14

PLZ 82515

Ort Wolfratshausen

Land Deutschland

Webseite  http://www.theralupa.de  /
**www.heil-verzeichnis.de**

**Persönliches**

Über mich:

**Clarissa M. Seite**

**Praxis für Psychotherapie nach dem HPG**

Mediale psychologische Lebens-Beratung

Psychologische Beratung und Kartenlegungen auf Wunsch am Telefon

Erstkontakt: 01525 - 654 99 30

www.theralupa.de

www.heil-verzeichnis.de

BLOG: CLARISSASEITE.TUMBLR.COM

**SUCHT-Beraterin (auf der Suche zum Ich)**

**& REIKI- Meisterin / Lehrerin**

**Mädchenname: Zickler**

Geboren am: 19.08.1969 / Bad Neustadt a. d. Saale

**Schulbildung:**

Qualifizierenden Hauptschulabschluss – High - School in Louisiana - Realschulabschluss - Universität Tech in Louisiana / Ein Semester in Mathe - Geschichte und Englisch

**Lehrberufe:**

Verkäuferin - Einzelhandelskauffrau - Versicherungsfachfrau - Heilpraktikerin für Psychotherapie - Suchtberaterin - Reikimeisterin / Lehrerin

Aufgewachsen in Speichersdorf bei Bayreuth bis zum 18 Lebensjahr

Nach Heirat in die U.S.A / Louisiana bis zum 21 Lebensjahr

Zurück nach Deutschland / Bayreuth für ein Jahr - München vier Jahre –

Bayreuth 16 Jahre - und schließlich wieder nach München / Wolfratshausen bis zum heutigen Tag.

**Mein spiritueller Weg**

**... hat mit den Engel begonnen**, die ich schon seit meiner Kindheit sehr bewundert habe und meine Oma mütterlicher Seite hat immer sehr viel zu den Engel gebetet, dass fand ich für mich sehr prägend.

**Die Engel, meine tiefe Freundschaft - Verbundenheit und Liebe!**

Die Engelsbilder von meiner Oma und meinem Opa hängen heute nun neben vielen anderen Engeln im Wohnzimmer und meiner Wohnung verteilt.

**Als ich mir 1992** mein erstes Kartenset / Tarot von Miki Krefting aus München kaufte ging es mit vielen Stunden - Nächten um die Ohren schlagen und Beratungen für Freunde los in Richtung Spiritueller - Medialer und guter Intuition ans Eingemachte!

**Mehr und mehr** interessierte ich mich für diese umfangreichen Themen wie den Glauben an Gott den Engeln - Glaubensrichtungen der Welt - Interpretationen des Tarots in verschiedenen Auslegungen und Ausführungen von White Raider zu Crowley, der Nummerologie (Dan Millman) der Traumdeutung (C. Jung) Kastl – Kant – Frankl – Freud und vieles mehr dazu.

**Kartensets** wie Selbstheilung von Chuck Spezzano - Göttinenzyklus - Engel von Diana Cooper - Doreen Virtue - & und dem tollen Kartenset von Pia Schneider und Ruth Kendell – **Krafttiere** von Jeanne Ruland & Murat Karacay – **Maria Magdalena** von Jeanne Ruland & Marion Hellwig - **Spirituelles Geldbewusstsein** von Thorsten Weiss und und und runden mein Profil ab.

**Kinesiologie und TCM-Medizin** - Kräuterkunde - Homöopathie und die universelle Energie; erst durch die drei Reikigrade und dem Lehrer wurden diese intensiv in meinem Leben seit der Geburt meines Sohnes Frank 1997 integriert und schließlich auch privat an mir und meiner Familie - Freundeskreis und interessierten Menschen praktiziert!

**2008** kam dann, nach Jahrzehnten an "üben und lernen" im Spirituellen Bereich der Beginn mit der Ausbildung zum Heilpraktikerin zur Psychotherapeutin ( Gesprächstherapie nach Rogers - Psychoanalyse nach Freud ) und last but least

**2009** die Ausbildung zur Suchtberaterin,

**2010** die Gründung der Praxis für Privatklienten und psychologische - mediale Lebensberatung am Telefon!

**2014** schrieb ich mein erstes Skript "Wie werde ich ein Erdenengel"

**2015**

**Blog: ClarissaSeite.Tumblr.com**

**2015 & 2016  Buch & ebook**

*„Wie werde ich ein Erdenengel*

*„Ein Erdenengel und seine    Geschichten"*

*„Botschaften eines Erdenengels"*

*„Herzensweisheiten eines Erdenengels"*

**Seit 25 Jahren**; seit Beginn meines ersten Kartendecks im Tarot kamen viele andere Kartendecks dazu und durch das tägliche ausüben und studieren von Fachliteratur in unterschiedlichen Bereichen hinsichtlich meiner medialen Fähigkeiten wird es immer mehr und das „Tun" immer intensiver und klarer in der Ausübung!

*Üben – Üben – Üben*

*Lernen – Lernen – Lernen*

*Sein – Werden – Sein*

**Vereinszugehörigkeit wie:**

Dachverband Geistiges Heilen

(DGH)

Verband freier Psychotherapeuten, Heilpraktiker für Psychotherapie und Psychologischer Berater e.V.

(VFP)

**Mein Leitmotiv ist:**

*Lehrer und Schüler zugleich ;-)*

*Immer und immer wieder ...*

*auf dem Weg der sog. Meisterschaft (TOD) um wieder und Neu Wiedergeboren zu werden (Phönix aus der Asche)*

**Anbieter-Impressum**

Umsatzsteuer-ID-Nr 82 096 358 479

Handelsregister-Nr. / Steuer-Nr. / ggfls. Geschäftsführer

Praxis - Clarissa Mathilda Seite - Heilpraktikerin für Psychotherapie[HPG] - WOR

Steuernummer – Finanzamt Wolfratshausen – 169/258/90344 – **IdNr. 82 096 358 479**

Bankverbindung – Sparda Bank Nürnberg – BLZ 760 90 500 – Kontonummer 442 50 59

[Gemäß § 4 Nr. 14 Buchst. a UStG sind Heilbehandlungen im Bereich der Humanmedizin umsatzsteuerfrei. Dazu zählen auch die Leistungen der Heilpraktiker].

Ich wünsche Dir - Dir und Dir

Lieber Leser, eine wohltuende Öffnung zu Dir und zu deiner liebevollen Natur als

„Erden-Engel"

In diesen schnelllebigen Zeiten der Jagd nach Anerkennung – Profit und Erfolgsstreben kann dies eine neue Qualität an Erleben und einer eventuellen Konzentrierung aufs Wesentliche und zukünftiger „EntSchleunigung" bewirken!

<u>Ein Dankeschön an:</u>

Meine Eltern; einzigartig in Ihrer Art

Meine Geschwister, die mich in meinem Dasein begleitet und geformt haben

Willi, mein bester Freund und Lebensbegleiter, der mich jetzt sehr in meinem Tun unterstützt

I Love You All!

Meine langjährigen Freundinnen:

Anette   Rhön

Gitti    Bayreuth

Bea     Schweiz

Andrea  Dachau

Gertraud Bayreuth

<u>Meinen Sohn Frank</u>, der mir oft den Spiegel vor Augen hält! ;-) und das Buchcover diesmal in WOR fotografiert hat.

Dieses Büchlein dient als ein kleiner Wegbegleiter „täglicher Inspiration" und als Möglichkeit einer neuen Sichtweise in der Lebensführung.

Es ersetzt weder den Rat durch einen Arzt deiner Wahl, noch dient es als Ersatz für medizinische Behandlungen von physischen und psychischen Erkrankungen aller Art!

Werdende Mutter (schwanger) ist oder sich krank fühlt oder krank ist, konsultieren Sie <u>immer zuerst einen Arzt</u> <u>Ihrer Wahl!</u>

Und denk bitte dran …

*Du – Du und Du – SIE –Er – Es*

trägst die Verantwortung für

Dich und dein Leben!

<u>*Haftungsausschluss: Autor & Verlag*</u>

# Inhaltsverzeichnis:

- *Der Frosch - Quak*
- *Die Ente als Herzensbringer*
- *Die liebevolle Libelle*
- *Das Powerpaket „Katze"*

  *als Krafttier*
- *Wenn der Rabe in dein Leben fliegt „NEU"*
- *November, ein wahrer Monat der Erkenntnis*
- *Herzensruf!*

## Inhaltsverzeichnis:

- *Mit sich im Einklang*\*3

- *Herzensliebe*\*4

- *Vergebung*\*1

- *Die liegende Acht*

  *#8 Tarot „Kraft & Lust"*\*2+3

\*3 Auszug aus dem dritten Buch:

*„Botschaften eines Erdenengels"*

\*4 Auszug aus dem vierten Buch:

*„Herzensweisheiten eines Erdenengel"*

\*1 Auszug aus dem ersten Buch:

*„Wie werde ich ein Erdenengel"*

\*2 Auszug aus dem zweiten Buch:

*„Geschichten eines Erdenengels"*

*Der Weg ist das Ziel - Konfuzius*

Herstellung und Verlag:
BoD - Books on Demand, Norderstedt
ISBN 978-3-7431-3920-6